Erfolgreich zum Universitätsabschluss

Hausarbeit schreiben

Leitfaden vom Dozenten

mit

Insider-Tipps und Praxisbeispielen

JOHANNA DEGEN

Dilemma-Praxis.de 2020 Johanna Degen

AUTORENINFORMATION

Johanna L. Degen unterrichtet mit einem Lehrvolumen mit bis zu sieben Seminaren pro Woche in der Abteilung Psychologie und in der Arbeits- und Organisationspsychologie an der Europauniversität Flensburg und ist Visiting Research Fellow (Gastforscher) an der Norwegian Business School BI Oslo. Zu Ihrer Lehre gehören unter anderem Vorlesungen in Human Resource Management, Seminare zu Stereotypen und Vorurteilen, zu Kommunikationstechniken und zu Selbst(-darstellung) in Bezug auf Gesellschaft, Karriere und Medien, sowie gesellschaftliche Folge von Diagnostik im Kontext Schule. Ihre Schwerpunkte liegen in der kritischen Sozialpsychologie sowie empirischer Methode und Methodologie.

Aktuelle wissenschaftliche Publikationen:

- The more we Tinder: subjects. selves & society (Degen & Kleeberg-Niepage, 2020)
- Humboldt, Romantic Science and Ecocide: a walk in the woods (Degen et al, 2020)

Weitere wissenschaftliche Publikationen, Radio- und Fernsehbeiträge sowie Essays finden Sie hier:

www.dilemma-praxis.de/publikationen

In den Jahren der Lehre hat sie vielzählige Prüfungen in allen Formen entwickelt, abgehalten und als Beisitzerin begleitet, protokolliert und laufend Thesen betreut.

Hausarbeit schreiben

Leitfaden vom Dozenten

JOHANNA DEGEN

IMPRESSUM

HAUSARBEIT SCHREIBEN

Bibliografische Information der Deutschen Nationalbibliothek:
Die Deutsche Nationalbibliothek verzeichnet diese Publikation in der
Deutschen Nationalbibliografie; detaillierte bibliografische Daten sind im
Internet über http://dnb.dnb.de abrufbar.

Copyright © 2020 Dilemma Praxis.

Johanna L. Degen

Dilemma Praxis; Nerongsallee 35, 24939 Flensburg

Korrektorat: Lina Schaefer

Copyright Illustrationen: © artenot, © Talaj

Kontakt: info@dilemma-praxis.de

Herstellung und Verlag: BoD – Books on Demand, Norderstedt

ISBN: 978-3-7526-2318-5

www.dilemma-praxis.de

Diesen Leitfaden gäbe es nicht ohne Lina Schaefer.

Ein pragmatischer und praktischer Versuch der Entwirrung.

"Kompaktes Wissen, auf den Punkt."

"Jetzt wird mir einiges klar!!"

"Danke für die Praxisbeispiele, richtig witzig und hilfreich!"

VORWORT

Bei Ihnen steht eine Hausarbeit an und Sie wissen noch nicht, wie Sie vorgehen sollen? Eventuell haben Sie bereits Hausarbeiten geschrieben, aber der Erfolg ließ noch zu wünschen übrig?

In diesem Leitfaden finden Sie neben vielen praktischen Tipps, Checklisten mit DOs and DON'Ts und auch konkrete Fall- und Fehlerbeispiele aus dem Universitätsalltag, sowie Formulierungsvorschläge. Das fundierte Erlernen vom Hausarbeitenschreiben lohnt sich, denn spätestens bei der Thesis am Ende des Studiums sollen Sie zeigen, dass Sie selbstständig wissenschaftlich arbeiten können, und da zahlt sich Übung aus.

Studentische Fragen wiederholen sich dabei in jedem Semester. Es werden oft ähnliche Sorgen und Nöte an die Dozenten herangetragen und wiederholt ähnliche Fehler gemacht. Eine Erfahrung, die mich persönlich motiviert, die Fragen zu sammeln und in diesen Leitfaden umzuwandeln.

Welche Fauxpas kann ich vermeiden? Wie fange ich an? Wie baue ich die Hausarbeit auf? Nach welchen Kriterien wird bewertet? Was ist der Eigenanteil, wenn man doch meist nur zitiert? Wie viele Quellen braucht man? Wie wird korrekt zitiert? Was ist der Theorieteil? Qualitativ oder quantitativ? Wie formatiere ich die Arbeit? Wie sieht die Gliederung aus? Wie viele Kapitel sind zu schreiben? Wie kann ich mich verbessern, obwohl die Bewertungen bisheriger Hausarbeiten ohne Gutachten verlaufen sind?

Ein praktischer Leitfaden für Ihre Hausarbeit vor allem in den Humanwissenschaften z. B. Psychologie, Erziehungswissen-schaft, Management, BWL, Soziologie, Kommunikations- und Kulturwissenschaft.

7

Inhalt

1. DIE SEMINARLEISTUNG HAUSARBEIT

Semester überstanden und nun steht die Seminarleistung als Hausarbeit an? 15 Seiten schreiben klingt unmittelbar machbar. Oder überhaupt nicht? Es tauchen Fragen auf: Worüber und wie genau? Sprachllich schön ausgeschmückt, wie im Fach Deutsch beim Abitur? Inhaltlich über das Seminar? Ist das Seminarthema meine Forschungsfrage? Was ist denn das Problem am Postulat? Wo genau gehört das Zitat formal hin? Einleitung und Relevanz, was ist da der Unterschied und was ist den relevant? Willkommen in der Verwirrung, lassen Sie uns das entwirren.

Dieser Leitfaden liegt mir besonders am Herzen, denn es scheint bei Hausarbeiten eine große Verwirrung und Ratlosigkeit zu herrschen, und dieses wirkt sich spätestens bei der Thesis negativ aus. Wer bei der Thesis angekommen ist, aber nicht gelernt hat, Hausarbeiten zu schreiben, der hat einen schweren Weg vor sich. Viele Studierende haben offenbar wenig oder schlechte Erfahrung mit dem Schreiben von Hausarbeiten. Sie haben wenig oder falsch geübt. Dabei ist erschwerend, dass in der Regel keine Gutachten zu Hausarbeiten geschrieben werden und die Benotung daher für viele intransparent bleibt.

Auf Aufmunterung und Zuruf, nach etlichen Kursen zum Thema wissenschaftliches Schreiben, erstelle ich nun diese pragmatische Anleitung, bei der auf metatheoretische Ideologie und Methodologie an dieser Stelle verzichtet wird. Nicht weil es nicht wichtig wäre, sondern weil es später wichtig wird - hier geht es um Tipps, Handwerkszeug und simples Verständnis.

Wissenschaftliches Arbeiten kann dabei richtig Spaß machen, wird Sie emanzipieren und Ihnen Selbstsicherheit geben - für die Universität, aber auch für Ihr Berufsleben. Wenn Sie verstehen, wie Sie Wissen generieren können, dann werden Sie stark im Argumentieren und im Überprüfen der Argumente anderer.

Suchen Sie sich spannende Fragen, generieren Sie eigenes, gleichzeitig verallgemeinerbares sowie praxisrelevantes Wissen und üben Sie für die Thesis und Ihre berufliche Zukunft - und zwar folgendermaßen...

2. "HOW TO": HAUSARBEIT SCHREIBEN

2.1 Generelle Informationen

Generelle Informationen finden Sie zunächst in der Modulbeschreibung. Wenn Sie nämlich ein Seminar wählen, gibt es dazu im Vorhinein Informationen, an die Sie mit Vorteil über das Vorlesungsverzeichnis und/oder den Modulkatalog der Universität herankommen. Dort steht unter anderem die Art der Modulprüfung - in diesem Fall dann 'Hausarbeit'.

> **TIPP:** So viele Informationen wie möglich im Vorhinein ausfindig machen. Es ist nicht besonders empfehlenswert, den Dozenten mit formellen Fragen zur Prüfungsleistung zu bombardieren, das sind öffentlich zugängliche Informationen. Besser: Inhaltliche Fragen an den Dozenten richten.

2.2 Grundsätzlich gilt:

Eine Hausarbeit wird in der Regel als Einzelleistung, in Ausnahmefällen in Partnerarbeit angefertigt. Sie umfasst üblicherweise 15 Seiten. Wenn Sie zu zweit schreiben dürfen, erhöht sich in der Regel die Seitenzahl auf 20. Die Bearbeitung der Hausarbeit kann mit Vorteil im Semester parallel zum Seminar erfolgen. Wer schon früh mit der Bearbeitung beginnt, kann dann nämlich noch laufend im Seminar Fragen klären. Den Abgabetermin finden Sie unter 'Prüfungstermin'. In der Regel liegt der Prüfungstermin in der vorlesungsfreien Zeit. In der Hausarbeit wird zunächst eine Fragestellung von Ihnen entwickelt, die dann ebenfalls von Ihnen beantwortet wird. Dieses kann anhand von bestehender

Literatur oder anhand von erhobenen Daten erfolgen, welches theoretisches oder respektiv empirisches Vorgehen genannt wird (mehr dazu unter "Welche Art Hausarbeit ist die richtige?")

2.3 Formalien

Die Seiten sind normiert, zum Beispiel durch Zitier- und Formatierungsstile wie **APA** oder **Harvard,** diese finden Sie online oder auch als Anleitung im Buchformat. Dort sind die Formatierung der Normseiten, Zeichen- oder Wortanzahl festgelegt. Das bedeutet, dass sowohl die Breite vom Rand als auch die Schriftgröße und Schriftart vorgeschrieben sind. Einen breiteren Rand einfügen, andere Schrift wählen oder Grafiken einfügen, ändert also am Textumfang nichts. Welcher Norm Sie folgen sollten, erfahren Sie entweder im Seminar oder über den Lehrstuhl. Zum Beispiel gilt in der Psychologie überwiegend der Stil der APA. In diesen Vorgaben finden Sie auch genaue Anleitungen zum Zitieren und für das Literaturverzeichnis sowie die Sortierung der Anhänge und Beschriftung von Grafiken und Tabellen. Zumeist sind die Stile online zugänglich, manchmal bieten die Universität, der Lehrstuhl oder der Dozent eine Zusammenfassung an.

Bei APA7 gilt zum Beispiel Calibri, Georgia oder Arial 11, doppelter Zeilenabstand, Flattersatz, 2cm Ränder. Die Sprache soll inkludierend und vorurteilsfrei sein.

Mehr Infos unter www.apastyle.apa.org

2.4 Layout, Beschriftung, Zitierstil

Layout, Beschriftung, Formatierung, Schriftgröße, Schriftart, Zitierstil sind nicht willkürlich. Folgen Sie schlicht den Anweisungen des

Zitierstils (z.B. APA oder Harvard). Diesen Anspruch zu erfüllen, ist eine reine Fleißarbeit. Es ist sehr einfach und gleichzeitig für den Eindruck und auch die Note ausschlaggebend. Formalien einzuhalten ist eine Minimalanforderung an der Universität. Bei manchen Dozierenden werden Hausarbeiten, die nicht dem formalen wissenschaftlichen Standard entsprechen, gar nicht gelesen.

TIPP: Die Faustregel bei Überschreitung der Seitenzahl oder Wortanzahl ist plus 10 % und minus max. 5 %. Üblicherweise sind gute Arbeiten selten kürzer als 15 Seiten. Wenn es Ihnen schwer fällt, die Seiten zu füllen, überdenken Sie, ob Sie gründlich genug recherchiert haben. Erfahrungsgemäß ist die Herausforderung, sobald sich ein Thema detailliert erschlossen hat, den maximalen Rahmen einzuhalten.

TIPP: Die Seitenanzahl umfasst nicht den Anhang. Bei qualitativen, empirischen Arbeiten kann ein Anhang, bestehend aus den Daten und manchmal einzelnen Analyseschritten, die Seitenanzahl der eigentlichen Arbeit übersteigen.

TIPP: Wenn der Zitierstil nicht eingehalten wird, gibt das Notenabzug, wenn Sie dabei zumindest einheitlich vorgegangen sind, ist das nichtsdestotrotz ein Vorteil.

TIPP: Die erste Seite trägt nie eine Seitenzahl. Starten Sie auf Seite 2 mit der 2.

VORSICHT: Einige Programme bieten eine Automatisierung/Hilfestellung beim Zitieren an (zum Beispiel Citavi), diese Programme sind mitunter strukturell fehlerhaft, alle Zitationen sollten daher abschließend manuell kontrolliert werden.

2.5 Sprache, Ausdruck, Zitation

Beim wissenschaftlichen Arbeiten gilt es im **Präsens,** also in der Gegenwart zu schreiben und zusätzlich passiv, also ohne Personalpronomen (nur anaphorisch, wenn Sie sich auf Dritte beziehen natürlich).

> **DON'T:** "Ich habe dann..."
> **DO**: "Es wird dann..."

Die Sprache sollte zudem wissenschaftsadäquat und nicht umgangs- oder alltagssprachlich gewählt werden.

> **DON'T**: "Der Job war dann weg..."
> **DO**: "Nach dem Verlust des Arbeitsplatzes..."

Aussagen sollten belegbar sein und neutral dargestellt werden. Wertungen auschließlich als Zitat übernommen werden und Gegenstände spezifisch und konkret genannt werden, nicht vage und verallgemeinernd. Das bedeutet, dass es keine Hinweise auf Allgemeinwissen gibt. Alle Aussagen müssen belegt werden und auf Wertunge wird in Gänze verzichtet. Dies passiert sehr schnell unbewusst, auch subtile Wertungen sind unangebracht.

> **DON'T**: "Die umfangreiche Studie..."
> **DO**: "Die Studie wurde mit 6000 Probanden, 99 % Rücklauf und über 18 Jahre im multilayer Design durchgeführt."

> **DON'T**: "Die Datingkultur hat sich in letzter Zeit stark verändert..."
> **DO**: "Im Zuge der Digitalisierung, vor allem bei der

Einführung vom Smartphone und der Etablierung von mobile Datingapplikationen, verändert sich die Datingkultur des Onlinedatings von der Überwindung von geografischer Distanz, wie bei Online Agencies, hin zum lokal gebundenen Dating. (Degen & Kleeberg-Niepage, 2020)."

Jede Gedankenübernahme sollte als Zitat gekennzeichnet werden. Dabei gibt es zwei Varianten, das direkte, also wörtliche Zitat und das indirekte Zitat.

Direkt: "The presumption that Tinder is predominantly used for sexual motifs can be rejected" (Degen & Kleeberg-Niepage, 2020, S. 34).

Indirekt: Degen und Kleeberg-Niepage (2020) zeigen, dass Tinder für vielzählige Zwecke genutzt werde und das dominateste Motiv dabei nicht sexuelle Interaktion sei.

Für welche Art des Zitierens Sie sich entscheiden liegt bei Ihnen. Dabei sollte auf den Lesefluss geachtet werden. Zu viele wörtliche Zitate stören diesen mitunter. Bei langen wörtlichen Zitaten wird zum Einen anders formatiert (zum Beispiel eingerückt- siehe Zitierstil) aber auch die Seitenzahl entsprechend erhöht, das müssen Sie beachten. Bei Begriffen oder prägnanten Sätzen ist das wörtliche Zitat angebracht, bei komplexen Gedanken oder Argumentationssträngen ist es angebracht in eigene Worte umzuformulieren und indirekt zitieren. Bei ganzen Abschnitten, die auf dem Gedanken anderer beruhen können Sie diese mit der Zitation rahmen, sodas Sie nicht nach jedem Satz eine Quelle einfügen brauchen. Nehmen Sie eindeutige Einleitungen, wie:

DO: "Nach Mayring (2015) gelten bei der Inhaltsanalyse folgende vier Punkte...",
dann ist klar, dass alle folgenden vier Punkte von ihm stammen. Oder:
DO: "die Argumentationslogik nach Bohnsack (2015) ist folgende, ..." und dann am Ende des Absatzes nochmal Quelle in Klammern einfügen.

So rahmen Sie den gesamten Abschnitt. Unschön ist, nach jedem Satz dieselbe Quelle wiederholt zu nennen. Denken Sie dabei an den Lesefluss, dann besser wie oben beschrieben abschnittsweise rahmen. Bei wörtlichen Zitaten muss der exakte Wortlaut abgebildet werden, inklusive etwaiger Grammatikfehler. Sind die Fehler auffällig können Sie das mit (sic) markieren. Dies bedeutet, dass der Fehler in aus der Quelle übernommen wurde.

3. PLAGIATE

Ihre Hausarbeit geben Sie manchmal in Druckform, manchmal in digitaler Form ab. Wenn Sie eine Druckversion einreichen sollten, folgt immer eine zusätzliche digitale Form, die zur Plagiatsprüfung genutzt wird. Der Dozierende hat Zugriff auf Programme, die überprüfen, ob Sie korrekt zitiert haben und ob Gedankendiebstahl vorliegt. Plagiate sind einfach zu vermeiden. Ein Plagiat bedeutet, dass man abgeschrieben hat. Damit ist an der Universität nicht nur gemeint, dass man bei Wikipedia einen Textabschnitt copy und paste übernimmt, sondern auch wenn Gedanken übernommen werden, ohne dies eindeutig kenntlich zu machen. Vermeiden Sie das schlicht, indem Sie alle fremden Gedanken durch Zitation markieren. Dazu gibt es verschiedene Standards (zum Beispiel APA oder Harvard). Orientieren Sie sich an dem Standard, dem gefolgt werden soll, und halten Sie diesen penibel ein.

Erklärung: Das klingt nun erstmal kleinlich und streng. Ist es im Prinzip aber nicht. Bei der Wissenschaft geht es darum, neues Wissen zu generieren und bekanntes Wissen zu überprüfen. Dieser Vorgang ist dialogisch. Das bedeutet, die Wissenschaftler unterhalten und streiten sich, sie ringen um die Annäherung an Wahrheit. Dabei entwickeln sich Denkschulen und diese beziehen sich aufeinander. Wenn Sie nun mitreden möchten, dann sollten Sie einordnen, wo Sie sich befinden und mit und zu wem Sie gerade sprechen. Seien Sie auch gewiss, wenn Sie Gedanken 'klauen', ob das nun Absicht ist oder nicht, merkt es der Dozierende, denn in der eigenen Disziplin, im eigenen Thema ist bekannt, wer was sagt und denkt. Es ist dabei auch keine Schande, sondern im Gegenteil eine gute Fundierung, gründlich zu zitieren. Gedankenklau lohnt sich überhaupt nicht.

TIPP: Mal zu nah am Originaltext geblieben und nicht wörtlich zitiert, sondern indirekt, gibt noch keine Exmatrikulation. Es gibt unterschiedliche Schweregrade beim Plagiieren. Gehen Sie aber kein Risiko ein. Bei schweren Verstößen droht Ausschluss vom Studiengang und zwar deutschlandweit.

TIPP: Zitieren kann man auf zwei Arten, direkt und indirekt. Direkte Zitate sind wörtliche Wiedergabe von Textpassagen oder Sätzen. Indirekte Zitate sind übernommene Gedanken, die in eigene Worte gefasst werden. Die formale Zitierweise unterscheidet sich dabei stark. Orientieren Sie sich am vorgegebenen Zitierstil, geben Sie aber jede Gedankenübernahme, direkt oder indirekt, eindeutig an.

Vorsicht beim generischen Maskulinum: Umgangssprachlioch "Gendern" genannt meint geschlechtsinklusives Sprache. Dabei wird das im Deutschen generische Maskulinum vermieden. Dies kann unterschiedlich hantiert werden, mit * oder _ und der weiblichen Form, ode rim Ausschreiben der Worte im femiminum und Maskulinum: Pilotinnen und Piloten oder Pilot*innen oder Pilot_innen. Mitunter wird das so gehanthabt, dass Texteinleitend eine Fußnote mit dem Hinweis eingefügt wird, dass bei allen männlichen Formen auch die weibliche Form angesprochen ist. Dies sollten Sie mit dem Dozierenden vorher abklären. Die Meinungen zu diesem normative geladenen Thema sind individuell sehr unterschiedlich und oft emotional aufgeladen. In diesem Buch bemerken Sie, dass ich persönlich zwischen den Formen (bewusst) wechsle. Bei manchem Dozenten, mancher Dozentin diskreditieren Sie sich bei falschem Sprachgebrauch in Bezug auf die Geschlechter.

4. ART DER ARBEIT

Qualitative Forschung und quantitative Forschung

Art der Arbeit: Es gibt empirische und theoretische Arbeiten. Empirisch bedeutet, dass Sie eine Untersuchung/Erhebung durchführen und auf diese Art Ihre Fragestellung beantworten. Theoretisch bedeutet, dass Sie anhand des Forschungsstandes und Theorie eine Fragestellung diskutieren und beantworten.

> HINWEIS: *Vorsicht! Die Darstellung hier ist stark verkürzt und stellt lediglich einen Einstieg in die Thematik dar. Für eine Abschlussarbeit/Thesis oder einen Methodenteil ist dies nicht hinreichend - das ist nur eine grobe Orientierung.*

Empirisch: Sie haben eine Forschungsfrage und möchten diese beantworten, indem Sie eine Forschung durchführen. Da gibt es zig Möglichkeiten, die sich in (sehr grob) zwei Paradigmen aufteilen:

1. **Qualitative Forschung** eignet sich bei explorativen Fragen und bei Fragen, die individuelle Sinnzusammenhänge erforschen möchten. Als Daten fallen darunter Interviews, Bilder, Texte, Beobachtungsprotokolle.

2. **Quantitative Forschung** eignet sich vor allem, um Zusammenhänge und Bedingungen aufzuzeigen oder klassifizierbare Ist-Zustände abzubilden (z. B. Angstdiagnostik). Darunter fallen Experimente, Fragebögen, Bilder, Interviews und Texte.

Erklärung: Die Erhebungsformen doppeln sich. Das ist korrekt, denn ob es ein qualitatives oder quantitatives Erhebungs- und Forschungsdesign wird, hängt von der Methode ab, nicht von den Daten. Texte können qualitativ, zum Beispiel anhand der Inhaltsanalyse, analysiert werden oder aber quantitativ durch Wortgruppenzählungen. Das gleiche gilt für Bilder: Diese können rekonstruktiv qualitativ analysiert werden oder nach Darstellung von Gegenständen quantitativ ausgezählt werden.

Beispiele qualitative Methoden: Inhaltsanalyse, dokumentarische Methode, Grounded Theory, objektive Hermeneutik.

Beispiele für Methoden quantitativ: Statistische Auswertungen, also numerische Darstellung und Inferenzstatistik.

Info: Quantitative Methoden sind nicht (nur) statistische Auswertungen, es gibt auch quantitative Bild- und Textanalysen. Durch Statistik überprüfen Sie in der Regel Hypothesen, die Sie basierend auf der Literatur vor der Erhebung aufgestellt haben.

Info: Qualitativ analysieren bedeuten nicht, schlicht die Daten zusammenzufassen - dieses ist ein gängiger Fehler. Durch verschiedene 'Maßnahmen' generieren Sie Hypothesen, die es dann im Anschluss zu überprüfen gilt (nicht mehr Teil derselben Arbeit).

TIPP: Lesen Sie sich gründlich in Methoden ein, das wird Sie sowohl durch das Studium als auch später in der Praxis (mit-)tragen. Wenn Sie verstehen, wie Forschung prinzipiell funktioniert, können Sie Studien, Diskurse und Argumentationen besser verstehen und dann auch besser darauf reagieren. Das hilft beim Familienessen mit dem

Onkel, der ständig sagt "das weiß man doch schon lange…", genauso wie beim Kollegen der behauptet: "Schülern muss man mit professionellem Abstand begegnen" (lesen Sie zu dieser Aussage: I'll see you on facebook von Mazer, Murphey, Simonds, 2007).

5. THEMA

Für die Hausarbeit überlegen Sie sich entweder selbst ein Thema in Bezug auf den Seminarinhalt oder bekommen ein Thema vorgegeben.

> **TIPP:** Die Universität forscht am Puls der Zeit. Finden Sie ein aktuelles, spannendes Thema. Überspitzt: Hängen Sie nicht thematisch in den Lehrbüchern der 80er.

Ziel der Arbeit: Zu diesem übergeordneten Thema überlegen Sie sich zunächst eine Forschungsfrage, die Sie dann in der Hausarbeit beantworten. Ziel jeder Hausarbeit ist die Beantwortung der Forschungsfrage. Diese Frage beantworten Sie entweder anhand von Daten oder anhand von Literatur.

DON'T: Vermeiden Sie Äquivalente zu folgenden Satz: "Ziel der Arbeit ist eine entwickelte Forschungsfrage zu beantworten", denn Ziel der Arbeit ist immer die Beantwortung der Forschungsfrage. Erstaunlicherweise kommt dieser Satz trotzdem oft vor. Bewahren Sie sich vor Redundanzen und unnötigen Sätzen. Besser konkret schreiben.

DO: "Die Forschungsfrage XY soll durch eine Umfrage mit der Skala XY erweitert um demographische Daten, beantwortet werden".

6. FORSCHUNGSFRAGE

Eine Forschungsfrage ist eine spezifische und konkrete Frage, die nicht mit Ja oder Nein beantwortet werden kann. Diese gilt es mit der passenden Art von Arbeit zu beantworten. Konkret: Sie stellen erst eine Frage, die Sie dann beantworten und zwar mit Hilfe von Literatur und/oder einer Erhebung. Die Forschungsfrage ist dabei allerdings meist keine (rein) persönliche Frage. Es ist richtig, dass sich Forschung oftmals dem eigenen Erleben anschließt. Sie nehmen Ausgangspunkt in etwas, was Sie besonders fanden - besonders seltsam oder besonders faszinierend. Allerdings muss sich Ihre Forschungsfrage auch an die Literatur anschließen, beziehungsweise auf dieser basieren.

TIPP: Wenn Ihnen keine Forschungsfrage einfällt oder auch wenn Ihnen sofort eine einfällt, gehen Sie einen Schritt zurück und nehmen Sie Theorien und den Stand der Forschung zur Hilfe. Theorien finden Sie in der Grundsatzliteratur zum Seminar, der Stand der Forschung sind aktuelle oder immer noch relevante Studien zum Seminarinhalt. Ihre Forschungsfrage sollte sich aus diesem Textkorpus begründen und herleiten lassen. Das geht oft auch, wenn es Ihre Frage ist. Die Frage sollte zwar innovativ und spannend sein, aber auch gleichzeitig anschlussfähig. Eine Frage, die zwar spannend ist, die Sie aber nicht an den Stand der Forschung anschließen und dann auch nicht beantworten können, nützt nichts. Seien Sie getrost, die Wissenschaft forscht am Puls der Zeit, die allermeisten für Sie relevanten Fragen, finden Anschluss.

Faustregel: Innovative Frage entwickeln, die aber anschlussfähig ist. Anschlussfähig heisst, dass es Literatur gibt, die ähnliche Themen oder Fragen behandelt, die Sie als Herleitung und Rahmen zitieren können.

Sie denken vielleicht: "Mitarbeitermotivation & Maslowsche Pyramide ist doch immer relevant!"

Bitte bedenken Sie, die Prüfer kennen die Grundlagenliteratur auswendig. Trotzdem gilt: Grundlagen sind für die Qualität der Arbeit ausschlaggebend. Wichtig sind aber auch die Relevanz, Anschlussfähigkeit und Innovation. Die Universität forscht im Hier und Jetzt. Hängen Sie nicht in den Themen der Lehrbücher der 80er, außer Sie stellen einen interessanten Transfer her das geht auch bei historischer Literatur. Bringen Sie also ältere Klassiker und ältere Grundsatzliteratur überein mit (!) und in Bezug auf (!) aktuelle und relevante Studien und Themen.

Eine Forschungsfrage sollte so spezifisch sein, dass sie im Umfang einer Hausarbeit zu beantworten ist, aber nicht so klein, dass Sie den Seitenumfang nicht füllen können und ist niemals mit "ja" oder "nein" zu beantworten.

Faustregel: Ihre Forschungsfrage darf nicht mit Ja oder Nein zu beantworten sein.

TIPP: Ein guter Helfer bei qualitativen, explorativen Arbeiten ist, das Wort "inwiefern" an den Anfang der Frage zu stellen.

TIPP: Ihre Fragestellung sollte nicht nur theoretisch, sondern auch praktisch zu bearbeiten sein. Das bedeutet:

- Ja, es ist interessant wie CEOs von Game Changern in der europäischen Ökonomie privat über Diversity denken. Bedenken Sie, ob Sie den Feldzugang bekommen?
- Ja, es ist interessant, inwiefern Dispositionen von CEOs mit Menschenrechtsverletzungen der Unternehmen zusammenhängen. Aber wie bekommen Sie solche Daten?
- Eine Frage zu stellen wie: "Beeinflusst die #metoo-Debatte die Gesellschaft?" ist hinfällig, denn die Antwort ist: Natürlich ja, wie alle kollektiven Bewegungen.

Dieses vor allem pragmatisch, praktische Vorgehen ist zwar streng genommen unwissenschaftlich, denn die Forschungsfrage sollte eigentlich unabhängig vom praktischen Überlegungen entwickelt werden, aber die beste Frage nützt Ihnen nichts, wenn Sie sie nicht beantwortet bekommen. Da gilt bei der Hausarbeit Pragmatismus vor Idealismus.

TIPP: Schauen Sie einfach in bereits vorhandene Publikationen der Betreuung/Dozenten. Dort finden Sie Fragestellungen, die Ihre Betreuung entwickelt hat und relevant findet, lehnen Sie Ihre eventuell daran an.

7. DER TITEL

Ihr Titel besteht aus zwei Teilen: dem Running Head (Kurztitel) und einem Untertitel. Der kurze Titel sollte eindeutig und interessant sein, sodass der Betreuer und der Zweitprüfer Lust haben, die Hausarbeit zu lesen, bzw. wenn Sie diese veröffentlichen, Sie damit Interesse wecken. Dieser kann auch provokativ oder polarisierend formuliert sein. Im Untertitel sollten dann die Informationen enthalten sein, die Hinweise geben, um welche Art Arbeit es sich handelt: Empirisch, theoretisch, explorativ, qualitativ, quantitativ, in welchem Paradigma Sie sich bewegen und welchen Kontext bzw. welche Beispiele der Arbeit zu Grunde liegen.

Praxis-Beispiele:

Do: "Das Narrativ der Überforderung - eine explorative Single Case Studie zur empfundenen Studiumsbelastung von BWL-Studenten im Bachelor-Studiengang"

DON'T (zu allgemein): "Heute Peter morgen Ansgar: Tinder und die Swipekultur"

8. RECHERCHE/QUELLEN

TIPP: Google reicht nicht. Manche Betreuer sagen: "Google niemals verwenden". Ich würde sagen: Google mit Vorsicht verwenden, niemals zitieren und schnellstmöglich zu Google Scholar switchen. Google Scholar reicht allein auch nicht, aber mit Google, zusätzlich Google Scholar und Google Books verschaffen Sie sich einen Überblick, bevor Sie in Büchereien und Datenbanken abtauchen. Alles andere ist praxisfern. Erfahrungsgemäß: Alle googeln am Anfang. Die Qualität der Arbeit hängt nicht von Ihrer ersten Recherche ab, sondern von der Tiefe, die sich anschließt.

TIPP: Nutzen Sie researchgate.net dort finden Sie sehr viele Publikationen als Preprint und können mit den Autoren in Austausch treten und auch Skalen anfragen. Auch hier gilt: Am weitesten kommt, wer freundlich fragt.

"Wie viele **Quellen** brauche ich denn?" Das ist eine schwierige Frage. In den Humanwissenschaften könnte mit großer Vorsicht eine Faustregel von zwei Quellen pro Seite im Schnitt formuliert werden, also bei 50 Seiten Arbeit wären es ca. 100 Quellen. Das ist nicht gleichbedeutend mit 100 Zitationen, jede Quelle wird meist mehrmals zitiert. Allerdings unterscheidet sich das und hängt auch von der Quellenqualität und Art der Arbeit ab. Am besten sichern Sie sich ab, wenn Sie ein ausführliches Exposé (siehe auch Kapitel zu Exposé) mit vorläufigen Quellen einreichen, dann bekommen Sie ein Feedback dazu.

TIPP: Es gibt zwei Arten von Literatur: 1. **Grundsatzliteratur**, also Theorien und Studien, die bis heute Gültigkeit besitzen und als grundsätzlich wichtig gelten (z.B. Watzlawick für die Kommunikation,

Foucault für Machttheorie, Stern für Intelligenzforschung, Freud für Psychoanalyse). Wenn solche genutzt werden, können die älteren Datums sein. 2. Der **Stand der Forschung** besteht aus aktuellen Studien. Meist bezieht sich eine Arbeit auf mindestens eine grundsätzliche Theorie (kann älteren Datums sein, muss aber nicht) und den Stand der Forschung, der dann aktuell sein sollte. Ob aktuell dann nur aus den davorliegenden zwei oder zehn Jahren besteht, hängt auch schlicht davon ab, wie viel und wann zu dem Thema publiziert wurde. Es gibt immer Modethemen. Sie zeigen durch Ihre Recherche, inwieweit Sie informiert sind. Gibt es keine neue Literatur können Sie das selbstbewusst kommunizieren, gibt es viel aktuelle Literatur können Sie das selbstbewusst selektieren, z.B. durch Formulierungen wie: "Die Forschung zu dem Thema ist breit und teilt sich in zwei Denkrichtungen auf, erstens der Justice Case mit Studien von unter anderem Noon, (2007), Vassilopoulou (2017) und Degen (2019)... und zweitens der Business Case mit Forschung von unter anderem Herring (2009) und Norbash & Kadom (2020) ..."

9. WELCHE ART HAUSARBEIT IST DIE RICHTIGE?

Welche Formen gibt es und welche passt zu mir?

Sie haben ein Thema und nun?

Nun überlegen Sie, wie das Thema zu bearbeiten ist (zusammen mit der Betreuung oder in Absprache mit der Betreuung). Dabei können Sie zwischen theoretischer und empirischer Arbeit wählen. Die Art der Arbeit (theoretisch oder empirisch) und die Methode (qualitativ oder quantitativ und die jeweilige Erhebungs- sowie Analysemethode) ergeben sich aus der Forschungsfrage/dem Forschungsgegenstand. Bitte orientieren Sie sich auch hier an der Prüfungsordnung, manchmal gibt es Einschränkungen. Explorative Perspektiven/Fragen lassen sich in der Regel vor allem qualitativ bearbeiten, Zusammenhänge zum Beispiel sehr gut quantitativ. Qualitative Forschung arbeitet 'verstehend', quantitative 'erklärend'.

Vorsicht bei stereotypen Vorannahmen:

Qualitatives Arbeiten ist nicht leichter als quantitatives 'rechnen', denn Sie müssen über deskriptives Zusammenfassen hinausgehen. Theoretisch arbeiten ist auch nicht 'leichter', denn Sie müssen einen Eigenanteil zeigen, einen neuen Gedanken entwickeln oder einen neuen Bezug herstellen. Theoretisch arbeiten heißt nicht zusammenfassen, was andere erforscht haben, und qualitativ arbeiten heißt nicht Interviews zusammenfassen.

DON'TS:

"Ich arbeite qualitativ, weil ich nicht rechnen kann."

"Ich arbeite qualitativ, weil ich dann weniger Probanden brauche."

"Ich überlege mir selber einen Fragebogen." *

"Ich arbeite theoretisch, dann habe ich weniger Arbeit."

*Üblicherweise werden etablierte Skalen verwendet. Das Entwickeln eines validen und reliablen Fragebogen/einer Skala übersteigt den Anspruch an eine Hausarbeit bei weitem. Bedenken Sie beim Übersetzen von englischen Fragebögen, dass dies ein mehrschrittiger Prozess ist: Sie übersetzen, ein Muttersprachler übersetzt die Übersetzung zurück und dann vergleichen Sie die Bedeutung.

10. VERLAUF DER BETREUUNG

"Was kann ich erwarten?"

Antwortzeit (informelle Etiquette):

Viele Dozenten antworten zügig, einige Dozenten können schon mal ein paar Wochen benötigen Das soll hier nicht bewertet werden, es ist lediglich ein Erfahrungswert und oft ist diese Verhaltensweise auch gut begründet. Planen Sie eine gewisse Antwortzeit also vorsichtshalber bei Ihrer Zeitstruktur mit ein oder besser, klären Sie alle Fragen im Seminar. Wenn die Antwort mehr als zwei Wochen auf sich warten lässt, kann höflich nachgefragt werden. Bedenken Sie, dass die Dozierenden oftmals sehr viele Studierende betreuen, sorgen Sie daher am besten für eine gute Kommunikation und antworten ihrerseits zügig, um den Prozesse nicht aufzuhalten.

> **TIPP**: Bereiten Sie Ihr Thema im Semester so vor, dass alle Fragen geklärt sind, bevor die vorlesungsfreie Zeit beginnt (siehe oben).

Anders als bei einer Thesis ist die persönliche 1 zu 1 Betreuung bei einer Hausarbeit eher gering. Bei komplexen Nachfragen, die im Seminar nicht geklärt werden konnten, können Sie trotzdem einen Sprechstundentermin anfragen. Eine richtige und strukturierte Betreuung, inklusive Exposékorrektur und mit mehreren Gesprächen ist eher unüblich.

> **TIPP**: Auch wenn ein Exposé nicht vorgesehen ist, ist es eine gute Idee trotzdem eins zu schreiben und vorzulegen. Ein Dozent wird selten über Fleiß verärgert sein und sicher ein

Auge drauf werfen. Dann haben Sie einen ersten Richtwert, ob es in die richtige Richtung geht, denn es gilt (leider): Dozenten unterscheiden sich in Bezug auf Stil der Forschungsfrage, Themen und Sprache. Versuchen Sie, den Dozenten im Seminar einzuschätzen. Fragen Sie (klug) nach und versuchen Sie, ein kurzes Feedback zum Exposé zu bekommen, das alles hilft.

TIPP: Jetzt geht es um die Seminarleistung, aber später werden Sie einen Betreuer für Ihre Thesis benötigen. Es ist eine gute Idee, sich die Dozenten genau anzusehen und zu schauen, ob eine Betreuung bei der Thesis passen würde. Wenn das für Sie so ist, bauen Sie schon mal eine Beziehung auf. Betreuungsplätze für Abschlussarbeiten sind mitunter rar. Dozierende nehmen dann gerne Studierende, die sie schon als leistungsstark und sympathisch kennen gelernt haben und an die Sie sich erinnern.

Nach der Abgabe ist es eher unüblich eine ausführlich Rückmeldung zur Hausarbeit zu bekommen, es gibt also kein Gutachten. Wenn Sie Ihre Note aber gar nicht nachvollziehen können, können Sie Einsicht beantragen. Das läuft meist über die Sekretariate oder auch Hilfskräfte der Abteilung, seien Sie nicht enttäuscht, dort den Dozenten nicht anzutreffen.

11. EXPOSÉ

Wenn Sie Glück haben, ist ein Exposé offizieller Teil des Ablaufs, wenn nicht, fertigen Sie zu Ihrem Vorteil trotzdem eines an. Denn ein Exposé ist eine große Hilfe beim Erstellen einer schriftlichen Arbeit.

Erklärung: Leider fangen Hausarbeiten oft oben bei einem Thema an und enden bei einem anderen. Themen entwickeln sich im Laufe des Schreibprozess, die Arbeit fängt sozusagen bei eienr Frage an, aber beantwortet unten eine andere, und das kann sehr schlecht sein. Ein Exposé hilft dabei, den roten Faden zu behalten und für den Fall, dass abgewichen werden soll, machen Sie es dann zumindest bewusst und dadurch (hoffentlich) stringent.

Ein kurzes Exposé zum Beispiel für eine Hausarbeit ist ca. zwei bis vier Seiten lang, plus Titelblatt und Literaturliste. Ein Exposé besteht üblicherweise aus einem Titelblatt, einem vorläufigen Inhaltsverzeichnis Ihrer Hausarbeit, der Relevanz und einer kurzen Beschreibung der Theorie(n), der Struktur des Forschungsstands, dem geplanten Vorgehen inklusive der Erhebungs- und Auswertungsmethode (bei empirischen Arbeiten), sowie einem vorläufigen Literaturverzeichnis. Sie können auch zusätzlich einen Zeitplan anlegen - das kann beim Schreibprozesses hilfreich sein.

TIPP: Wenn Sie das Exposé einreichen dürfen, bedenken Sie, je hochwertiger und 'fertiger' Ihr Exposé, desto mehr 'Vor-Korrektur' Ihrer Hausarbeit bekommen Sie. Textteile aus dem Exposé können 1 zu 1 in der dazugehörigen Arbeit verwendet werden - Ihr Vorteil. Halten Sie bereits beim Anfertigen des

Exposés die Formalien ein, denn Sie möchten doch von Ihrer Arbeit überzeugen und hinterlassen den ersten Eindruck. Zudem hilft es Ihnen bei der Einübung des Standards. Irgendwann haben Sie die Formalien 'auf dem Rückgrat'.

12. ZEITPLAN

"Ich fange am Anfang der Semesterferien an, 15 Seiten schaffe ich in zwei Wochen."

Planen Sie den Prozess schon am Anfang des Semesters. Es gibt einige Fallstricke. Die Entwicklung von Thema und Forschungsfrage braucht Zeit. Wenn Sie das zu Beginn machen, haben Sie auch noch genug Gelegenheit, Rückfragen im Seminar und an den Dozenten zu stellen. Oftmals sind diese in den Semesterferien schlechter zu erreichen, weil genau dann deren Forschungsarbeit auf Hochtouren läuft.

TIPP: Frühzeitig beginnen und das Vorgehen planen, um noch mit dem Dozenten sprechen zu können, ist ein Vorteil. Kein Dozent ist von verzweifelten Studierenden am Anfang der Semesterferien begeistert, die ganz dringend und umgehend Sprechstundentermine anfragen.

Erstellen Sie ein Exposé mit Zeitplan, aber bleiben Sie flexibel. Der Zeitplan soll kein Stressfaktor sein, Sie dürfen diesen laufend anpassen. Er wird aber dabei helfen, zu merken, welcher Prozess wie viel Zeit in Anspruch nimmt und was noch vor Ihnen liegt.

Die Literaturrecherche wird Zeit in Anspruch nehmen, auf etwaige Fernleihen muss zum Beispiel gewartet werden. Planen Sie die Antwortzeit des Dozenten mit ein, Emails werden nicht immer umgehend beantwortet (bei der Bearbeitungszeit von Emails gibt es individuell große Unterschiede). Bei Hausarbeiten werden manche Anfragen prinzipiell nicht per Email beantwortet, sondern nur im Seminar oder in der Sprechstunde.

TIPP: Zeit für den Feldzugang und die Erhebung einplanen - siehe Kapitel "Feldzugang".

TIPP: Eine Woche für Korrekturlesen und Formatieren einplanen.

TIPP: Bekannte oder Familie auf Rechtschreibung korrekturlesen lassen und dafür auch Zeit einplanen.

Analysen kosten ebenfalls Zeit. Im Kapitel "Bewertungskriterien" wird darauf hingewiesen, dass die Analysetiefe aber auch Sorgfalt Bewertungskriterien sind. Stress und Hektik kurz vor der Deadline sind bei kreativen Prozessen sehr kontraproduktiv. An der Qualität der Hausarbeit wird oft sehr schnell deutlich, ob Zeitdruck geherrscht hat.

TIPP: Auch hier gilt: Wer schon im Semester anfängt zu analysieren, kann im Seminar Unklarheiten klären.

TIPP: Es ist nicht die Verantwortung des Dozenten, sicherzustellen, wann Sie anfangen oder wie Sie Ihren Prozess strukturieren.

WICHTIGER HINWEIS:

Nutzen Sie die Betreuung während des Semesters!

---

13. AUFBAU & STRUKTUR

13.1 Inhalt des Titelblatts

Titel und Untertitel, Betreuer, Ihr Namen, Ihre Matrikelnummer, Ihre Kontaktinformationen (Email und Adresse des Wohnsitzes), Seminartitel und Semester, Abgabedatum.

TIPP: Formatieren Sie das Titelblatt optisch ansprechend, der erste Eindruck zählt (auch).

TIPP: Schreiben Sie unbedingt den Namen des Prüfers korrekt und auch gerne den akademischen Titel. Es fällt manchem Betreuer stark negativ auf, auch wenn es selten explizit angesprochen wird, wenn der professorale Titel fehlt oder der Doktor. Am besten kopieren Sie diese Information von der Website, dann sind Sie auf der sicheren Seite, auch beim korrekten Ausschreiben des Namens.

13.2 Gliederung Hausarbeit

Wissenschaftliche Arbeiten sind grundsätzlich nach einem Standard aufgebaut. Zumindest gehen Sie davon aus, bevor Sie selber Wissenschaftler sind und asymmetrischen Aufbau instrumentalisieren möchten. Hier die standardisierte Struktur:

- Titelblatt
- Abstract
- Tabellen- & Abbildungsverzeichnisse
- Einleitung
- Theorieteil (Theorie und Forschungsstand)

- Methode (für Erhebung und Analyse)
- Durchführung
- Analyse & Ergebnisse
- Diskussion
- Schlussteil (Fazit, Reflexion, Limitationen, Ausblick)
- Anhang
- Eidesstattliche Erklärung

Bei theoretischen Arbeiten entfallen die Kapitel Methode und Durchführung. Bedenken Sie, dass dann die Diskussion, bei der ein eigener Gedanke entwickelt werden sollte, an Wichtigkeit gewinnt, weil dies den Eigenanteil darstellt.

TIPP: Ihre Überschriften können zunächst wie oben genannt heißen. Später füllen Sie die mit Ihren Themen und passen diese an, sonst würde jede Hausarbeit ein sehr ähnliches oder gleiches Verzeichnis haben. In Ihrer Hausarbeit steht demnach also beispielsweise in der Einleitungsüberschrift Ihr Thema, in der Methode Ihre konkrete Methode, in der Analyse Ihre konkreten Daten usw.

Beispiel:

- *Abstract*
- *Relevanz. Tinder: mit 56 Millionen Usern: ein gesamtgesellschaftliches Phänomen*
- *Theorie*
  - *Technikpsychologie*
  - *Mobile Online Dating in der Kommunikationswissenschaft*
  - *Antiunterschiedshypothese*
- *Methode*

- o *Tinder Motive Scale*
- o *Regressionsanalyse*
- *Durchführung und Analyse*
  - o *Feldzugang über social media/Onlinesurvey*
  - o *Regressionsanalyse*
- *Die Anti-Unterschiedsthese in der Praxis und Implikationen*
- *Manchmal gleich, manchmal ungleich (Fazit, Reflexion, Limitationen, Ausblick)*
- *Anhang*
- *Eidesstattliche Erklärung*

Das obige Beispiel ist an Komplexität tenedeziell reduziert. Zum Beispiel ist bei theoretischen Arbeiten der Theorieteil natürlich komplexer und stellt oftmals Gegensätze oder Widersprüche gegenüber, die dann in der Diskussion aufgegriffen und abgewogen werden.

Die Formatierungsregeln folgen allgemeinen Regeln, meistens für die gesamte Disziplin, zum Beispiel Harvard oder APA. Dort finden Sie dann Schrifttypen, Zeilenabstände, Zitationsregeln, Hinweise zu Anhängen, Position und Form von Abkürzungs-, Abbildungs- und Tabellenverzeichnissen und vieles mehr.

TIPP: Vergessen Sie das Abstract nicht. Oft auf englisch und deutsch. Dies umfasst in der Regel 250 Worte. Enthält Thema, Relevanz, Fragestellung, Vorgehen, Methode und Ergebnisse sowie Mehrwert für die respektiven Forschungsrichtungen/Leser.

13.3 Kapitelanzahl

TIPP: Vermeiden Sie, zu viele Unterkapitel zu erstellen. Ein Unterkapitel sollte mindesten eine ¾ Seite darstellen, eher mehr. Viele kleinschrittige Unterkapitel fragmentieren die Hausarbeit und den Lesefluss. Besser in Paragraphen einleiten, welcher Teilaspekt nun vorgestellt oder behandelt wird, als jedes mal eine Überschrift einzufügen.

TIPP: Nicht zu viele Theorien, besser in der Tiefe bearbeiten, als in der Breite.

13.4 Inhalt der Kapitel

Einleitung: Einführung in das Thema und Relevanz des Themas/Aufrisses der Problemstellung. Bei theoretischen Arbeiten ist hier die Fragestellung am Ende zu platzieren. Achtung: nicht bei empirischen Arbeiten, da kommt die Forschungsfrage am Ende des Theorieteils.

TIPP: Mit Relevanz ist gesellschaftliche, politische oder fachliche Relevanz gemeint.

DON'T: "Im Rahmen des Seminars muss ich…" und auch nicht "Mich persönlich interessiert schon lange…".

DO: "Mobile online Dating bewegt sich als neuer Sidekick immer weiter hin zu einem gesellschaftlichen Phänomen mit quantifizierbaren Auswirkungen, beispielsweise sind 20 % aller Eheschließungen in den USA in 2017 so genannte Tinder-Ehen (statista, 2018) …".

Theorie: Theorien & Stand der Forschung & Fragestellung

Der Theorieteil besteht aus zwei Teilen, der Theorie und dem Stand der Forschung.

Die Theorie ist meist eine größere Hintergrundtheorie, sozusagen ein Klassiker. Zum Beispiel "theory of attachment" (Bowlby, 1969). Diese Theorie oder Theorien stellen Sie prägnant und präzise dar. Der Stand der Forschung zeigt hingegen, welche Studien es zum Thema gibt (gerne aktuelle oder die zuletzt Aktuellen, wenn es um einen historischen Diskurs geht). Sie schaffen es nicht, alle Studien abzubilden? Gehen Sie so vor: Metastudien, also Studien die über den aktuellen Forschungsstand schreiben und diesen zusammenfassen, geben einen guten Überblick über den Forschungsstand, dazu dann Beispielstudien der letzten fünf Jahre, sortiert nach Denkrichtung und, wenn relevant, ein Hinweis auf den älteren Diskurs. Dabei können Sie mit Vorteil die Darstellung so strukturieren, dass Sie Studien thematisch zusammenfassen.

DON'T: "Studie XY zeigt, dass Studierende aufmerksamer sind, wenn der Lehrer professionelle Distanz wahrt. Studie ZK zeigt, dass Studierende hingegen weniger aufmerksam sind, wenn Distanz gewahrt wird. Studie "I see you on facebook" zeigt aber, dass Nähe zum Lernerfolg beiträgt" usw.

DO: Es gibt zwei Ansätze im aktuellen Diskurs zum Lernerfolg und Näheregulation zur Lehrperson. Die Studien von XY und HJ und WE zeigen zum Beispiel, dass Aufmerksamkeit, durch das Herstellen von größerer, bei denen professionell genannter, Distanz, gefördert wird. Hingegen zeigen u.a. die Studien von ZK und "I see you on facebook", dass Nähe und persönliche Einblicke den Lernerfolg steigern und zwar wegen des Commitments. Im Folgenden soll gezeigt werden, inwiefern das integrativ verstanden werden kann oder inwiefern ein Widerspruch besteht."

(Erklärung: Aufmerksamkeit und Lernerfolg müssen nicht relatiert sein, also könnten beide "Recht" haben).

So weiß der Leser, was zu erwarten ist und kann der Argumentation leichter folgen. Das wird auch Ihnen helfen, wenn Sie sich am Ende der Arbeit wieder auf die Theorie beziehen sollen. Eine eindeutige Struktur hilft, zum Beispiel: "Die Ergebnisse zeigen, dass sowohl die Perspektive der Teameffektivität als Mehrwert als auch die Kritiker valide Punkte zeigen, denn es wurde deutlich, dass…". Sie sehen, wer oben gut strukturiert hat, kann sich unten auf gesamte Argumente der Strömungen beziehen, eine saubere Argumentation und Nachvollziehbarkeit.

Am Ende des Theorieteils stellen Sie bei empirischen Arbeiten (bei Theoriearbeiten am Ende der Einleitung) Ihre Forschungsfrage vor. Diese sollte sich nachvollziehbar aus dem Stand der Forschung und der Theorien ergeben und begründen. Entweder durch eine Forschungslücke oder durch eine neue Verknüpfung von Ergebnissen zu Theorie oder Kombination verschiedener Ergebnisse/Perspektiven.

Methode: Erhebungs- und Analysemethodik.
Es gibt meist zwei Methoden, die der Erhebung, also zum Beispiel Interviewmethode, und die der Analyse. Die Erhebungsmethode stellen Sie knapp vor. Oftmals geht es nur um die Nennung und Einordnung, maximal eine Seite. Dabei geht es darum, zu zeigen, wieso diese Methode der Forschungsfrage zuträglich ist.

Beispiel: "Zur Erhebung wird aufgrund des explorativen Zugangs ein halboffener Interviewleitfaden genutzt, da vorgefertigte Kategorien die Generierung von Wissen verhindert würden."

Die Analysemethode sollte so dargestellt sein, dass nachvollziehbar ankündigt wird, wie später vorgegangen wird. Es ist relativ unüblich, eine Methodologie bei einer Hausarbeit zu schreiben. Also, woher die Methode kommt und welcher grundsätzlichen Auffassung und Weltsicht sie folgt.

Beispiel: "Zur Datenanalyse wird die Inhaltsanalyse nach Mayring (2015) genutzt. Dabei werden aus dem Text zunächst deduktive Codes, also Codes, die auf dem Stand der Forschung und Theorien begründet sind, gesammelt..."

An dieser Stelle schreiben Sie aber nicht, was Sie dann gemacht haben - dieses kommt zur Durchführung und Analyse im nächsten Kapitel.

Durchführung: Erhebungsdesign, Stichprobenbeschreibung, Feldzugang, Durchführung

Hier beschreiben Sie nun, wie Sie genau vorgegangen sind. Wen haben Sie interviewt, oder wie haben Sie Ihren Fragebogen online wo verteilt. Wie war der Rücklauf. Wo hat das stattgefunden (wenn der Datenschutz das zulässt).

> **TIPP**: Datenschutz und Forschungsethik stehen vor dem Wissensgewinn. Schützen Sie Ihre Probanden. Natürlich ist es schön, zu wissen, in welcher Art von Firma der CEO denn arbeitet, den Sie interviewt haben, aber wenn das den Rückschluss auf die konkrete Firma zulässt, ist das zu unterlassen oder eine confidentiality Klausel vor der Arbeit zu vermerken. Zum Beispiel sollten Sie nicht schreiben "Manager in Europas größter Schienenverkehr Firma", denn jeder weiß, dass das die Deutsche Bahn ist.

Und weiter: Wie haben Sie Ihre Daten archiviert? Hierbei sind Details wichtig, allerdings sollten sie dem Rahmen der Hausarbeit entsprechen, also sich nicht über 4 Seiten strecken.

Analyse:

Bei der Analyse führen Sie durch, was Sie unter Analysemethode angekündigt haben. Führen also alle Schritte durch und zwar genau so. Die Analyse sollte vor allem transparent und nachvollziehbar sein. Selbst wenn die Ergebnisse richtig sind, der Prüfer sie aber nicht nachvollziehen kann, ist das kein gutes Ergebnis. Bei umfassenden Analysen gehören die umfassenden Analysen in den Anhang. In der

Arbeit können Sie dann anhand von Beispielen schreiben.

> **TIPP**: Bei qualitativen Analysen können Tabellen und Transkripte sehr lang sein. Diese gehören in den Anhang und das ist unproblematisch, denn der Anhang gehört nicht zur Seitenzahl. Es kann durchaus vorkommen, dass der Anhang die Seitenanzahl der eigentlichen Hausarbeit übersteigt.

Trotzdem sollte ein guter Überblick über die Ergebnisse dargestellt werden, in Tabellenform oder als Zusammenfassung am Ende der Analyse.

> **TIPP**: Leider oft gesehen sind Analysen, die zwar komplex sind, aber dies auch in der Darstellungsform widerspiegeln. Sie sollten aber komplexe Zusammenhänge nachvollziehbar darstellen. Denken Sie an die Leserfreundlichkeit.

Diskussion:
Der Diskussionsteil ist sehr wichtig und fehlt oft. Hier werden die Ergebnisse in die Literatur im Theorieteil rückgebunden. Es wird also diskutiert, was die Bedeutung in Bezug auf Theorie und Stand der Forschung ist. Bei theoretischen Arbeiten ist dieser Teil sehr wichtig, denn er ersetzt sozusagen die empirische Analyse. Nichtsdestotrotz gehört er in beide Arten von Arbeit.

Schlussteil:
Der Schlussteil besteht aus drei Teilen: dem Fazit, dem Ausblick (was bedeutet das für zukünftige Forschung oder manchmal praktische Implikationen) und den Limitationen

(Reflexionen zur Arbeit zum Beispiel in Bezug auf Methode, Vorgehen, Fragestellung, Feldzugang, Durchführung, Verzerrung, Begrenzung. Das hier ist eine Auswahl, keine obligatorische Liste).

TIPP: Im Schlussteil zeigen Sie, dass Sie Ihre Methode, Ihr Vorgehen und/oder Ihre Daten reflektieren können. Es ist, entgegen von Vorurteilen, ein Vorteil, die eigenen Fehler dort schon einzubringen. Das wertet Ihre Arbeit auf. In jeder Forschung ist "man hinterher schlauer".

Faustregel: Einleitung und Schlussteil umfassen ca. 20 % der Arbeit, der Methodenteil 10 %. Theorie, Durchführung, Analyse, Diskussion insgesamt also 70 %. Die genaue Verteilung sollten Sie nochmal mit Ihrer Betreuung besprechen, eigentlich ergibt sie sich auch aus dem Prozess, aber sie hängt gleichzeitig auch von der Art der Arbeit und dem Umfang der zur Verfügung stehenden Literatur ab.

Achtung rotes Feld: Sprachliches "Gendern"
Es ist wichtig, in Erfahrung zu bringen, wie der Lehrstuhl zu Genderrichtlinien in der Sprache steht und sich dann anzupassen. Das Thema ist Überzeugungsfrage und empfohlen wird, sich der Meinung des Prüfenden anzuschließen. Dies ist ein hoch politisches und manchmal emotionales Thema, seien Sie umsichtig. Mancher findet sprachliches 'Gendern' albern, mancher extrem bedeutsam. Bewerten Sie das nicht, außer Sie möchten genau das zu Ihrem Thema machen.

14. DATENERHEBUNG & FELDZUGANG

Fragebogen verteilt, aber gar kein Rücklauf? Unternehmen angeschrieben und keine Antwort?

Firmen und Angestellte bekommen häufig unzählige Anfragen zu Forschungsarbeiten. Jeder kennt die unzähligen Anfragen, an Umfragen teilzunehmen. Als studentische Forschungsarbeit liegen Sie zudem eher am unteren Rand der Attraktivität. Angestellte haben einfach oftmals viel zu tun und eine Stunde Interview ist eine Stunde, die woanders fehlt, die man später nach Hause kommt. Bedenken Sie das bei Ihren Anfragen. Am besten stellen Sie gleich eine Beziehung her, gehen in einen Betrieb, wo Sie jemanden gut kennen. Bieten Sie eine Gegenleistung an. Niemand schuldet Ihnen Daten, Zeit oder Aufmerksamkeit. Das heißt aber nicht, dass es unmöglich ist. Manche Firmen sind an spannenden, innovativen Themen interessiert. Wenn Sie charmant und kompetent sind, kommen Sie vielleicht in ein Unternehmen rein oder können Rückläufe über Ihr Netzwerk akquirieren. Erfahrungsgemäß können Sie sich allerdings standardmäßige E-Mails ("Sehr geehrte Damen und Herren...") mit der Bitte um Teilnahme sparen. Besser ist es, persönlich und selektiv vorzugehen - das erhöht die Erfolgschancen immens.

TIPP: Schauen Sie frühzeitig, ob Sie einen Feldzugang hergestellt bekommen und Daten sammeln können. Bleiben Sie so lange noch flexibel, im Zweifelsfall die Forschungsfrage so anzupassen, dass die Umsetzung realisierbar ist.

TIPP: Wappnen Sie sich. Sie haben die Daten erst sicher, wenn Sie sie erhoben haben. Zusagen können auch oft zurückgezogen werden.

15. SCHREIBPROZESS & MOTIVATION

Die (De-)Motivation im Prozess. Sie haben ein Exposé nach besten Wissen und Gewissen angefertigt. "Klingt doch schon gut.", finden Sie.

Seien Sie nicht enttäuscht, wenn Ihr Werk 'blutend' mit vielen Kommentaren zurück kommt (wenn das überhaupt eine Möglichkeit ist bei Ihrer Hausarbeit). Es ist bisher nicht vorgekommen, dass das erste Exposé ein Volltreffer war. Versuchen Sie stattdessen, die Kommentare zu verstehen, den Prüfer zu verstehen und kennen zu lernen und nehmen Sie die Herausforderung an. Denken Sie wieder daran, ein gutes Exposé nützt Ihnen bei der finalen Arbeit immens.

> **TIPP**: Wer ein sehr gutes, korrigiertes Exposé hat, braucht sich beim Verfassen der Arbeit nur noch daran entlanghangeln. Dabei kann alles aus dem Exposé in der Arbeit verwendet warden und zahlt sich do doppelt aus.

> **TIPP**: "Meine Mutter fand die Arbeit aber richtig gut reflektiert.", "Mein Onkel Peter ist auch an der Uni und der findet das schon gut so".
> Das liegt in der Natur der Sache. Mütter und Onkel finden die eigene Familie meist 'relativ in Ordnung', zumindest wenn es um externe Angelegenheiten geht. Besser: Jemanden für die Korrektur anfragen, der weniger/voreingenommen ist. Jemand der sich traut, Kritik zu äußern und überhaupt Kritisches in Ihrem Werk sehen kann. I.d.R. nicht Mama, kann aber Mama sein.

Trotz einem lieb gewonnenen Thema, werden Sie es kaum durchgehend lieben, das ist natürlich. Aber beißen Sie sich fest,

Themenwechsel kosten viel Zeit und das neue Thema wird Ihnen zwischendurch auch unlieb. Es ist eine Kurve: Liebe - Herausforderungen - Hass/Ablehnung - Stolz (im besten Fall) - wiederkehrende Liebe. Kein Thema erspart Ihnen die harte Laufarbeit in der Mitte.

TIPP: Schreiben Sie! Schlicht mit dem Schreiben zu beginnen ist sehr hilfreich, um Prokrastination entgegen zu wirken. Sie löschen wahrscheinlich vieles später wieder oder müssen Teile umschreiben. Die Faustregel gilt: Jede Publikation wird 3-6 mal geschrieben, bevor die finale Version steht. Erfahrungsgemäß ist das noch am unteren Ende der Skala. Das eigene geschriebene Wort zu löschen, tut weh. Aber seien Sie guten Mutes: Die letzte Version wäre ohne den Umweg des dann gelöschten Wortes nicht zustande gekommen.

16. EIGENANTEIL

"Theorie und Stand der Forschung, Rückbezug auf die Theorie, alles die Gedanken anderer. Was ist denn nun der ominöse Eigenanteil?", "Wenn ich so viel zitiere, was sage ich denn dann?", "Wo gehört denn meine Meinung hin?".

Die Bewertung der Arbeit hängt von einigen Faktoren ab, siehe auch Kapitel "Bewertungskriterien". Ein wichtiger Aspekt ist dabei der Eigenanteil, denn beim Schreiben einer Hausarbeit und vor allem später bei der Thesis soll gezeigt werden, dass das eigenständig wissenschaftlich gearbeitet werden kann. Für viele Studierende ist dabei nicht ganz klar, woraus der Eigenanteil besteht und worauf es ankommt.

- Eine Fragestellung entwickeln und ein Thema finden ist Teil des Eigenanteils.
- Ihre Eigenleistung ist nicht, Theorien aus einem Lehrbuch vorzustellen oder lediglich den Stand der Forschung zusammen zu tragen. Das muss aber trotzdem gemacht werden und zeigt einen Eigenanteil insofern, als dass Sie zeigen, dass Sie gut recherchiert haben und Bezug auf Ihre Fragestellung herstellen können. Alles an Ihrer Hausarbeit 'vorne', also im Theorieteil, muss sich in Ihrer Hausarbeit 'hinten', also im Diskussions- und Ergebnisteil, wieder finden. Dabei zeigt sich dann der erste Eigenanteil, bei der Darstellung und Auswahl. Ist alles Relevante und auch nur Relevantes nachvollziehbar und strukturiert dargestellt?

Und wurden die Ergebnisse darauf bezogen?

- Bei empirischen Arbeiten haben Sie es nun leicht, denn Erhebung und Analyse sind natürlich Ihr Eigenanteil.
- Im Diskussionsteil der Arbeit liegt Ihr Eigenanteil darin, die Ergebnisse beziehungsweise die Theorien, Ergebnisse und Positionen oder Perspektiven aufeinander zu beziehen. Dabei zeigen Sie, dass Sie verstehen, was die Ergebnisse für Theorie, Forschung oder Praxis bedeuten.
- Im Ergebnisteil beantworten Sie explizit die Forschungsfrage.
- In der Reflexion ist es Ihr Eigenanteil zu zeigen, dass Sie die Schwächen und Stärken Ihrer Arbeit und Ihrer Vorgehensweise reflektieren können.
- Ihre explizite und private Meinung gehört unmittelbar nicht in die Hausarbeit.

DON'T: "Die Ergebnisse zeigen zwar, dass sich Männer und Frauen nicht unterscheiden, ich glaube in der Realität ist es aber doch so".

DON'T: "Ich finde die Ergebnisse spannend, weil ich auch bei Freunden gesehen habe, dass diese..."

DON'T: "Die Schwäche der Arbeit liegt im Ergebnisteil, weil ich auch persönlich keine Zeit mehr hatte, weil..."

TIPP: Bedenken Sie, Sie schreiben eine wissenschaftliche Arbeit, diese Frage hilft: "Würde ich das in einem Journalbeitrag von meinem Betreuer so lesen?". Wenn nicht, dann schreiben Sie es auch nicht.

> **TIPP:** Bei theoretischen Arbeiten ist der Eigenanteil schwieriger zu erkennen. Die helfende Frage lautet: Habe ich einen eigenen Gedanken entwickelt und eindeutig gekennzeichnet präsentiert?

17. ABGABEFORM

"Endlich fertig! Und jetzt?"

Bringen Sie frühzeitig die Abgabeform in Erfahrung. Soll eine Printversion vorgelegt werden? Oder nur digital? Wenn eine Printversion gewünscht ist, wird in der Regel trotzdem iene digitale Version verlangt, diese dient der Plagiatsprüfung.

> **TIPP**: Lassen Sie die Arbeit bei Printversionen ringbinden oder mit einer Pappfront kleben. Im Schnellhefter werden zwar viele Arbeiten abgegeben, welche aber oft schief gelocht sind und somit unordentlich wirken. Ein Klemmhefter geht auch. Wichtig ist nicht, wie viel Geld Sie ausgeben, sondern dass die Hausarbeit ordentlich aussieht.

> **TIPP**: Beim Ausdrucken gilt: Sie können das zu Hause drucken oftmals lohnt sich aber der kurze Gang und der

geringe Kostenaufwand des Druckes im Copyshop. Schiefer Papiereinzug, blasse Tinte, unscharfe Grafik, schief gelocht, das macht keinen guten Eindruck. Die Nachteile überwiegen dem rationalisierten Gang zum Copyshop. Oft gibt es günstige Copyshops in Angliederung an die Universität.

18. BEWERTUNGSKRITERIEN

Die **Sprache** ist Ihr Werkzeug. Sie kann Ihnen helfen oder Ihre Leistung hemmen. Also, wie formulieren Sie eine schöne Arbeit? Grundsätzlich gilt, dass sogar routinierte Wissenschaftler ihre Texte mehrmals schreibt. Das bedeutet, dass die erste Rohversion oftmals kaum der finalen Version ähnelt. Verzagen Sie nicht, Sie wären zur letzten Version nicht ohne die Zwischenschritte gekommen. Eine Faustregel bei studentischen Arbeiten lautet, dass Sie den Text drei Mal schreiben, bis er in Reinform steht. Das kann auch absatzweise vor sich gehen. Dann steht am Ende eine saubere Formulierung die stringent wirkt, von Wortwahl bis Lesefluss.

TIPP: Sie müssen nicht die gesamte Hausarbeit am Ende nochmal aufrollen, gehen Sie eventuell kapitelweise vor. Dabei können Sie umstrukturieren und aussortieren.

TIPP: Stellen Sie an jeden Satz die Frage: "Ist das eine neue, sinnvolle und notwendige Information?", Und an jedes Argument die Frage: "Ist das ein sinnvolles, neues und notwendiges Argument?"

DO: "Bei der Erhebung wurde folgendermaßen vorgegangen..."

DO: Schreiben Sie immer passiv und ohne erste Person. Also, nicht "ich".

DON'T: "Ich habe dann bei der Erhebung folgendes durchgeführt."

Denken Sie beim Schreiben an die **Leserführung**. Dazu hilft die grundsätzliche Frage an sich selbst: Versteht das hier jemand, der die Argumentation/das Thema nicht schon kennt?

Beim **Formulieren** gibt es auch Regeln, die hilfreich sind: Keine Füllworte, keine Wertungen, keine blumige Sprache, keine Postulate, sondern nur das sagen, was zu belegen ist, also zurzeit als 'wahr' gilt. Alle Aussagen müssen dabei mit Quellen belegt werden, alle Rückschlüsse und Ableitungen nachvollziehbar sein. Jede Wertung begründet, entweder weil es jemand anderes belegt hat oder durch Zahlen: "Tinder ist die größte Dating-App. Mit 56 Millionen Nutzer ist sie 23 % größer als die nächstgrößere Grindr...". Auf diese Art wird die Bewertung nachvollziehbar.

Die gleiche Logik gilt auch der **Darstellung der Analyse**, quantitativ wie qualitativ. Das Ergebnis muss vor allem nachvollziehbar sein, "intersubjektiv verstehbar". Ob der Prüfer zum selben Ergebnis gekommen wäre, ist dann erstmal nachrangig. Es muss aber völlig transparent sein, wieso und wie Sie zu dem Ergebnis gekommen sind. Dabei ist es zum Beispiel ratsam, nicht alle Ergebnisse in den Anhang zu platzieren und dann zu verweisen, sodass der Prüfer ständig blättern muss.

Machen Sie einschlägige Beispiele oder Grafiken in den Text, sodass der Blick in den Anhang nachgestellt werden kann.

Überfrachten Sie die Hausarbeit nicht mit Bildern und Grafiken. Ab der zweiten größeren Grafik oder größerem Bild beachten Sie außerdem, dass diese auf die Seitenanzahl aufgerechnet werden. Das bedeutet, dass zwei halbseitige Grafiken einer Seite mehr Text entsprechen.

Gestalten Sie das Layout ansprechend und nach den Vorschriften (zum Beispiel APA oder Harvard).

Bei der **Quellenqualität** aufpassen: Das ist eine Meinungsfrage, manche Dozenten folgen dem Prinzip von Journalrankings und Impact Faktoren, andere eher der DORA declaration und der Bewertung von Studien nach anderen Qualitätsstandards. Wichtig ist, dass Sie sowohl die Grundlagenliteratur nutzen als auch aktuelle Literatur und wenn möglich auf Metastudien zurückgreifen, die meist einen Überblick über das Thema geben können. Weitere Tipps um Bias, also subjektive oder kollektive Verzerrungen, zu vermeiden, finden Sie unter "Recherche" in diesem Heft.

Die **Formalien** sind ebenfalls ausschlaggebend. Das ist reine Fleißarbeit und trifft zwei Aspekte, die formalen Formalien, also wurde korrekt zitiert, ist der Zeilenabstand richtig, die Schriftart korrekt? Die Literatur vollständig im Literaturverzeichnis abgebildet und ist die Sprache adäquat und grammatikalisch in Ordnung?

Der **Inhalt**, klingt erstmal redundant, natürlich zählt der Inhalt, aber eben nicht nur in Bezug auf "wurde korrekt ausgeführt" sondern auch in Bezug auf aktuelle Relevanz und die Idee. Ist Ihre Arbeit sinnvoll und bedeutungsvoll? Ist die Arbeit interessant zu lessen und bringt einen Mehrwert? Daneben zählen dann auch Analysevermögen und Reflexionsvermögen. Das bedeutet, konnten Sie nicht nur die Methode korrekt befolgen, sondern wurde auch inhaltliche Tiefe erreicht? Zeigen Sie Reflexionsfähigkeit zu Methodik, zu Studien und zum Selbst?

TIPP: Was Sie spannend und aktuell finden, ist häufig für die Universität ebenfalls spannend und aktuell. Was als spannend empfunden wird, ist oft weniger subjektiv als man annehmen könnte.

Noten:

Eine mittlere Note ergibt sich, wenn Sie ordentlich alle Formalien einhalten, eine saubere Untersuchung durchführen und ein solider Eigenanteil, der sich aus der Betreuung ergeben hat, gezeigt wird. Eine gute Note ergibt sich, wenn Sie ein Thema selbstständig erarbeiten und einen hohen Eigenanteil bringen, alle Formalien einhalten und Analyse-, bzw. Reflexionsvermögen zeigen. Eine sehr gute Note bekommen Sie, wenn Sie alle Formalien einhalten, einen kreativen, innovativen Eigenanteil haben und hohes Analyse-, bzw. Reflexionsvermögen zeigen. Wie oben bemerkt, stellen manche Prüfer die Bewertungskriterien zur Verfügung, fragen Sie nach. Der eine Betreuer gewichtet Eigenanteil und Innovationsfähigkeit sehr hoch, der andere die Formalien.

INFO: Wer die Formalien nicht einhält, kann keine gute Note bekommen und wer nur die Formalien einhält, ebenfalls nicht.

19. CHECKLISTEN DON'TS & DOS

Allgemeine DON'Ts

- ✓ (Lehr-)Bücher zusammenfassen.
- ✓ Schlecht recherchieren und behaupten, es gäbe zum Thema wenig Literatur. Seien Sie gewiss, der Betreuer kennt sich aus.
- ✓ Zeit mit allen Details einer Studie verschwenden, außer es ist spezifisch relevant. Die Wichtigkeit der Studie stattdessen pregnant herausstellen.
- ✓ Exkurse einbauen - denken Sie an einen Trichter: Alles folgt einer Logik, nämlich der Beantwortung Ihrer Forschungsfrage. Verzichten Sie vollständig auf Exkurse nach dem Motto: "Folgendes ist ebenfalls interessant". Alles, was Sie oben im Theorieteil verwenden, sollte der Beantwortung bzw. der Beantwortung der Forschungsfrage dienen. Zu fast jedem Thema gibt es ein Meer an Hintergrundinformationen und spannenden Exkursen. Fragen Sie daher bei jedem Thema oder Unterthema: "Ist das spezifisch hier relevant?"
- ✓ Beispiele und Wording von Dozenten aus dem Kurs wiederholen (!). Kein Prüfer möchte seinen eigenen O-Ton lesen.
- ✓ Die Arbeit unterschätzen und in letzter Minute "zusammenschustern". Das schlägt sich immer in der Qualität nieder.

- ✓ Darauf vertrauen, dass man auch sonst einer der 'besseren' ist.
- ✓ Tolle Idee haben und wegen salopper Arbeitsweise eine gute Note unmöglich machen. Brilliante Ideen nützen nichts, wenn die Form nicht stimmt.
- ✓ Abgeklopfte Themen aussuchen.
- ✓ Bei der Betreuung hilfsbedürftig und uneigenständig wirken.
- ✓ Unkritisch sein und Studien als 'wahr' nehmen.
- ✓ Wertend und blumig schreiben.
- ✓ Komplexes kompliziert beschreiben. Lange deutsche Sätze sind kein Zeichen für eine gute Arbeit.
- ✓ Sich im Detail verlieren.

ALLGEMEINE DOs

✓ Eigene Ideen einbringen.

✓ Transfer leisten. Risiken eingehen, besser einen etwas 'weit hergeholten' Transfer versuchen, als gar keinen Versuch zu machen.

✓ Eigene Literatur anbringen, über den Kurskorpus hinauslesen.

✓ Forschung und Perspektive der Dozenten kennen.

✓ Inhaltliche Provokationen, neue Perspektiven, Widersprüche herausfordern.

✓ In den aktuellen Diskurs einsteigen.

✓ Gesellschaftliche Relevanz in der Einleitung darstellen.

✓ Witz mitbringen (damit ist kein ironischer Abstand oder Überheblichkeit gemeint). Auch nicht schlechte Sprache und saloppes Wording, sondern beispielsweise deskriptives Aufzeigen von Paradoxien.

✓ Aktuelle und interessante Themen einbringen.

✓ Den Prüfer/die Prüferin und sich selbst ernst nehmen.

✓ Integrität. Lügen Sie nicht, täuschen Sie nichts vor, bleiben Sie bei sich und nehmen Sie Ihre Hausarbeit ernst. Vielleicht veröffentlichen Sie, binden Sie an ein Forschungsprojekt an oder nutzen sie für eine Bewerbung.

✓ Suchen Sie sich ein Thema aus, was Sie ein halbes Jahr lang spannend finden und schreiben Sie es so spannend, dass ein Prüfer gerne zig Seiten dazu liest.

✓ Die Hausarbeit ist ein Lernprozess, Sie dürfen fragen und lernen!

✓ Manche Prüfer sehen sich gerne zitiert, schauen Sie, ob

es thematisch sinnvoll ist, leiten Sie das aber nicht künstlich her!

✓ Komplexes einfach schreiben.

✓ Plakative Beispiele bilden.

✓ Geschlechtergerechte Sprache wählen, oder abklären, inwiefern der Dozent beziehungsweise die Dozentin darauf einen Wert legen.

20. PRAXISBEISPIELE "TYPISCHE FEHLER"

Fehlerbeispiele aus dem Universitätsalltag:

Die missglückte Einleitung.
"Im Rahmen meines Seminars bei XY habe ich das Thema XY als besonders interessant verstanden. Daher beschäftige ich mich mit diesem Thema in Bezug auf..."

Obiges Beispiel ist leider oft gesehen. Auf keinen Fall so die Relevanz in der Einleitung begründen. Sie sollen politische, gesellschaftliche, fachspezifische Relevanz aufzeigen. Dabei kann sich an aktuellen Zahlen, Zeitungsartikeln, Situationen/politischen Situationen, schlicht dem aktuellen öffentlichen oder fachlichen Diskurs orientiert werden. Achtung: Zeitungsartikel, Magazine etc. sind ausschließlich in der Einleitung zulässig. Im theoretischen Teil sind nur wissenschaftliche Quellen und Bücher zu verwenden (siehe auch Recherche/Quellen).

Das Postulat; die fehlende Quelle.
"Tinder ist die beliebteste und größte Dating-App auf dem Markt und beeinflusst dadurch die heutige Gesellschaft".

Das klingt zunächst richtig und stimmt. Das ist aber in einer wissenschaftlichen Arbeit ohne Belege nicht zulässig. Belegen Sie alle Aussagen mit Quellen oder Zahlen(-quellen): "Tinder ist die größte Dating-App auf dem Markt, mit weltweit 56 Millionen Nutzern (Statista, 2019) und beeinflusst dadurch die tägliche Praxis von Subjekten und das Verhalten im sozialen Kontext

(Degen & Kleeberg-Niepage, 2020)".

Das sprachliche Ausschmücken und die Wertung.
Im Abitur haben Sie wahrscheinlich geübt, blumig zu schreiben und dadurch den Leser zu unterhalten. Das sollten Sie beim wissenschaftlichen Arbeiten möglichst vermeiden. Außer in Fällen, wenn Sie ethnografisch arbeiten. Bei allen anderen Fällen überlegen Sie bitte, was Sie sagen. Bewerten Sie nicht unbewusst:

DON'T: "In Ihrer umfangreichen Studie haben …".
STOP: Was bedeutet umfangreich?
DO: "In Ihrer Studie mit 6800 Probanden haben…".

DON'T: "In der komplexen und spannenden Studie von …"
STOP: Was bedeutet komplex und spannend?
DO: "In der multilayer Studie von…".

DON'T: "Die Ergebnisse zeigen gut und eindrücklich, dass…"
STOP: Was bedeutet gut und eindrücklich?
DO: "Die Ergebnisse zeigen…".

TIPP: Denken Sie immer daran, dass das, was Sie aussagen, 'wahr' sein muss: belegt, nachvollziehbar, begründet.

TIPP: Füllworte, Füllsätze, sowie Redundanzen vermeiden. Ein Trick ist, sich bei jedem Satz zu fragen: Sage ich etwas neues? Trägt dies zum Verständnis bei? Passt es zum Satz davor und danach und zum Kapitel? So vermeiden Sie auch unbeabsichtigte Exkurse.

TIPP: Das bedeutet nicht, dass der Text langweilig klingen muss, prägnante Herleitung und pointierte Ausdrücke, sind durchaus spannend zu lesen.

Die fehlende Rückbindung: "Den Sack nicht zu machen". Die Literatur, die Sie 'vorne' benutzen, müssen Sie auch 'hinten' anknüpfen. Der Theorie- und der Diskussionsteil hängen inhaltlich zusammen. Im Diskussionsteil wird die Bedeutung der Ergebnisse in Bezug auf die bisherige Forschung und die Theorie eingeordnet und diskutiert. Nach der Analyse nur noch zusammenfassen und dann die Arbeit quasi abzubrechen, ist einer der am häufigsten gesehenen Fehler und an den meisten Universitäten ist das Bestehen dann ausgeschlossen.

Das unvollständige oder redundante Ende.
Der Schlussteil ist nicht eine Zusammenfassung der Ergebnisse. Fazit, Reflexion, Limitationen, Ausblick, das bedeutet nicht kurz zusammenfassen, was oben schon genannt wurde. Beantworten Sie hier die Forschungsfrage, das wird sehr oft vergessen. Dies sollte ausdrücklich gemacht werden. Reflektieren Sie Vorgehen, Methode, Ergebnisse. Zeigen Sie, dass Sie wissen, wo Sie begrenzt waren, als Person oder durch die Methode, durch den Feldzugang, die Stichprobe, die Analyse oder den Umfang der Arbeit.
Und geben Sie einen Ausblick für zukünftige Forschung oder manchmal praktische Implikationen. Aber **Vorsicht:** Praktische Implikationen sind nicht an allen Instituten erwünscht, bei anderen, oftmals den FHs, hingegegn obligatorisch.

Die unzureichende Reflexion.

DON'T: "Insgesamt könnte dieses Thema auch noch aus kulturwissenschaftlicher (oder anderer) Perspektive aufgerollt werden." das gilt grundsätzlich und ist daher keine sinnvolle Aussage. Prinzipiell kann natürlich jedes Thema auch aus anderer Perspektive betrachtet werden und diese Information stellt daher keinen Mehrwert dar. Beim Kapitel der Reflexion sollten Sie hingegen Ihre spezifische Arbeit, Ihr Vorgehen, Ihre Methode und Ihre Perspektive reflektieren und einen Ausblick geben, der zu Ihrer Fragestellung und Herangehensweise passt. Also zum Beispiel **DO**: "Die Skala könnte noch um demographische Faktoren erweitert werden, was einen tieferen und verstärkt aufschlussreichen Einblick geben würde, wer die Personen sind, die unterschiedliche Dispositionen zeigen", oder **DO**: "die demographischen Variablen zeigen keinen Effekt, das kann auch darauf zurückzuführen sein, dass der Bildungsgrad der Eltern abgefragt wurde, aber nicht das Einkommen, und das Milieu so unzureichend abgebildet wurde".

TIPP: Keine generelle Reflexion, sondern spezifische.

TIPP: Die Kritik, die Sie vorwegnehmen, wird Ihnen positive angerechnet. Es macht Ihre Arbeit stärker, wenn Sie die Schwächen kennen und diskutieren.

Der falsche Helfer.

Sie haben nicht gründlich recherchiert und denken sich 'Wer nicht wagt, der nicht gewinnt.'? Formulierungen wie: "Zu diesem Thema gibt es noch keine Literatur." oder "Zu dieser Fragestellung gibt es noch wenig Literatur" sollten nur getroffen warden, wenn Sie sich sicher sind. Dieses konkrete Beispiel stammt aus einer Arbeit über Mitarbeiterpartizipation bei Entscheidungen des Unternehmens, dazu gibt es unzählige Studien. Zusätzlicher Fauxpas bei diesem Beispiel: Der Zweitprüfer hat auch noch zu diesem Thema promoviert! Bevor Sie also definitive Aussagen treffen, recherchieren Sie gründlich, und schreiben sonst lieber nichts.

Seitenzahlen schinden.
Einfach viele Grafiken einfügen oder den Rand breiter machen? Schriftgröße verändern? Keine guten Ideen. Ab der zweiten Grafik wird der Platz auf die Seitenanzahl aufgerechnet und Schriftgröße sowie Zeilenabstände und Ränder sind beim Zitierstil vorgegeben. Formfehler fließen stark in die Note ein. Und das gilt auch andersrum, am Anfang fanden Sie 15 Seiten umfangreich, nach dem Einlesen und Analysieren bräuchten Sie 30? Schriftart kleiner machen, Rand schmaler, das geht nicht.

Vorschnelles Schließen.
"Alle Studien zum Thema zeigen, dass Diversity Politik in Unternehmen positive ökonomische Auswirkungen hat". Die Studien beziehen sich auch aufeinander und Sie haben sich an den Literaturverzeichnissen orientiert und die weitere Literatur auch gelesen? Seien Sie vorsichtig. Oftmals inkludiert beispielsweise der Mainstream nicht die kritische Perspektive oder umgekehrt - es entwickeln sich sozusagen ein Zitierzirkel. Schlussfolgern Sie daher nicht vorschnell, sondern suchen Sie als Maßnahme auch rückwärts. Zu diesem Beispiel durch Schlagworte wie "negative Auswirkungen Diversity Politik". Das gilt in beiden Richtungen. Die jeweilige Denkrichtung bestätigt

sich gegenseitig und bezieht sich aufeinander. Das macht es aber nicht mehr wahr oder steigert die Gültigkeit. Auch wenn Ihre Daten und Ergebnisse dazu passen. Formulieren Sie neutral: "Die Daten dieser Studie zeigen in diesem Untersuchungsdesign Effekte, die auch von der Studie XXX aufgezeigt wurden". Damit sagen Sie nichts falsches, Sie sind auf der sicheren Seite - siehe auch Abschnitt "Sprache".

Mit diesen letzten Antibeispielen, entlasse ich Sie in Ihre erfolgreiche Hausarbeit. Auf den folgenden Seiten finden Sie abschließend praktische Checklisten.

Viel Erfolg bei Ihrer Arbeit und Freude im Studium!

21. CHECKLISTE

❏ Titelblatt mit Datum

❏ Name und Titel des Dozenten korrekt geschrieben

❏ Abstract

❏ Eidesstattliche Erklärung

❏ Zitierstil kontrolliert

❏ Formatierung

❏ Schriftart

❏ Seitenzahlen (keine auf der Titelseite)

❏ Nummerierung der Kapitel

❏ Digitale Version, als eine gesammelte Datei und sowohl als PDF und Word (oft ist die digitale Version zu anonymisieren)

❏ Anhänge eingefügt

❏ Literaturverzeichnis vollständig

❏ Fragestellung explizit beantwortet

❏ Im Passiv geschrieben, neutral, gendergerechte und wertfreie Sprache

❏ Keine leeren Seiten (auch nicht halbleere - das ist auch im Zitierstil festgelegt)

DISCLAIMER

Hier finden Sie allgemeine Hinweise.

Alle konkret geltenden Hinweise/Rahmenbedingungen finden Sie in den Prüfungsordnungen Ihrer Universität und bei dem prüfenden Dozierenden. In jedem Fall sind die Hinweise (und Geschmack) des faktischen Prüfers allgemeinen Hinweisen vorzuziehen.

BIBLIOGRAPHIE

Bohnsack, R. (2014). Rekonstruktive Sozialforschung. Einführung in qualitative Methoden. Verlag Barbara Budrich

Bowlby, J, (1969). Attachement. Basic Books

Degen, J., Kleeberg-Niepage, A. The More We Tinder: Subjects, Selves and Society. Human Arenas (2020). https://doi.org/10.1007/s42087-020-00132-8

Degen, J.L., Rhodes, P., Simpson, S., Quinnell (2020). Humboldt, Romantic Science and Ecocide: a Walk in the Woods. Hu Arenas 3, 516–533 (2020). https://doi.org/10.1007/s42087-020-00105-x

Mayring, P. (2015). Qualitative Inhaltsanalyse. Beltz

Noon, M. (2007). The fatal flaws of diversity and the business case for ethnic minorities. Work, Employment and Society, 21(4), 773-784.

Norbash, N & Kadom, N (2020). The Business Case of Diversity and Inclusion. Journal of the American College of Radiology. Volume 17, Issue 5, May 2020, Pages 676-680

Vassilopoulou, V. (2017). Diversity Management as Window Dressing? A Company Case Study of a Diversity Charta Member in Germany. In: M.F. Özbilgin, J.-F. Chanlat (Hrsg.), Management and Diversity, 3, 281 – 306.

Viel Erfolg und viel Spaß!
Sie haben Fragen, Anmerkungen oder möchten ein Coaching?
buch@dilemma-praxis.de

WEITERE BÜCHER AUS DER REIHE

Erfolgreich zum Universitätsabschluss